Kontakt

Instagram: izaschreibt

E-Mail: izaschreibt@gmail.com

Iza Wert

Gezeiten

Gedichte und Gedanken einer Depressiven

Bibliografische Information der Deutschen Nationalbibliothek:
Die Deutsche Nationalbibliothek verzeichnet diese Publikation in der Deutschen Nationalbibliografie; detaillierte bibliografische Daten sind im Internet über http://dnb.dnb.de abrufbar.

TWENTYSIX – Der Self-Publishing-Verlag
Eine Kooperation zwischen der Verlagsgruppe Random House und
BoD – Books on Demand

© 2020 Iza Wert

Herstellung und Verlag:
BoD – Books on Demand, Norderstedt

ISBN: 978-3740-76951-2

Inhaltsverzeichnis

Teil 1 – Flut	7
Teil 2 – Ebbe	39
Teil 3 – Land in Sicht	61

TEIL 1
FLUT

7 Tage
4 Wochen
1 Jahr

- ich denke immer noch an dich

Menschen ändern sich nicht.
Vielleicht nur, bis die Fassade bricht.
Das Aussehen, ja, das wohl.

Aber niemals die inneren Werte,
das lernte ich in aller Härte.
Unsere Grundsätze bleiben,
denn unser Wesen lässt sich nicht vertreiben.

- du hast gesagt, du würdest dich ändern

Mein Leben ähnelt einem Alptraum.
Der einzige Unterschied;
Ich kann niemals aufwachen.

Meine Vergangenheit ist nicht meine Zukunft
und gleichzeitig ist sie es doch

- die Narben sind immer noch da

Ich bin von Selbstzweifeln zerfressen,
sie zerstören sie mich,
innerlich und äußerlich.

So sehr, dass ich
Nicht mehr weiß,
was oder wer ich vorher
gewesen bin.

Ich hasse mich. Ich hasse mich.

Stehe vor dem Spiegel,
singe „Happy Birthday to me, Happy Birthday to me",
das Telefon schweigt.
Keine Feier, keine Freunde, keine Geburtstagstorte.
Eltern, zu beschäftigt für ein kurzes Essen oder ein Gespräch.
Geschwollenes, rotes Gesicht im Spiegel.

- Happy Birthday ungewolltes Kind, du wirst heute 12 Jahre alt

Niemals gut genug, niemals genug generell. Niemals zufrieden, niemals zufriedenstellend. Bekomme nie, was ich mir wünsche, und was ich bekomme, hätte ich mir nie gewünscht. Zu hohe Erwartungen und Erwartungen von anderen niemals erfüllt.

- Hilfeschreie

Ich tue Dinge für Menschen,
die niemals etwas Gutes für mich tun würden.

Ich liebe Menschen,
die meine Liebe niemals erwidern werden.

Und ich sorge mich um Menschen,
die keinen einzigen Gedanken an mich verschwenden.

ich möchte wissen, warum du mich so behandelt

hast, als hätte ich keine Existenzberechtigung auf
dieser Welt

wieso hast du mich immer wieder so bloßgestellt?

hast du mich wirklich so sehr gehasst
oder hat dir das alles einfach nur Spaß gemacht?

vielleicht half es dir dabei, deine eigenen Probleme
zu verdrängen,
aber um das auszuhalten musste ich mich wirklich
anstrengen

niemand hat mich je so sehr verletzt,
du hast mich nie wertgeschätzt

dabei ahnst du nicht mal, was du mir wirklich
angetan hast,
aber ich hoffe, dass dieser Schmerz irgendwann
wieder verblasst

du hast mich Stück für Stück zerstört
und selbst wenn ich geweint hab, gesagt hab, dass
ich sterben will
hast du niemals aufgehört

- Fragen ohne Antwort

und sie sagen mir:
vielleicht bist du zu schwach, vielleicht bist du hierfür nicht gemacht
und sehen dabei nicht, dass ich jeden tag mein bestes geb
doch was ich gebe ist wohl nie gut genug
vielleicht ist es auch einfach mal zeit für einen abzug
denn ich werde gebraucht, aber nicht gewollt
und tagtäglich mit anschuldiungen überrollt
das hier ist einfach nichts
für jemanden
wie mich

In meinem Kopf bin ich ganz allein.

Nein, nicht ~~allein~~ – **einsam**.

Und vielleicht auch schon v e r l o r e n .

Bereue nichts, lese ich.

Doch ich bereue.

Bereue, dass ich dich hab gehen lassen.
Bereue, dass ich mich selbst hab gehen lassen.

Ist es jetzt zu spät?

- gut gemeinte Ratschläge

Du gehst.

           Die Erinnerung nicht.

sitze auf dem sofa,
wische mich durch tausend kleiner bildchen,
links, links und manchmal sogar rechts.
darauf hoffend, dass mich jemand von diesen bildchen irgendwann
vielleicht mal lieben wird.
wobei oder weil ich mich doch selbst so furchtbar find
an mich denk und der meinung bin
dass das doch sowieso niemals passieren wird.

Körper:
mehr als eine äußere Hülle.
Nicht ersetzbar,
aber misshandelt.

Dinge, mit denen ich leben muss:

Ich habe benutzt
und mich benutzen lassen.

Ich habe Herzen gebrochen
und mir meins brechen lassen.

Ich habe gelogen
und mich anlügen lassen.

und wenn ich darüber nachdenke, worin ich
eigentlich gut bin, fällt mir nur eine einzige Sache
ein:

sachen kaputt zu machen,
beziehungen, menschen, alles, was mir wichtig ist

und nichts läuft bei mir wirklich jemals richtig
nicht in meinem kopf und nicht in meinem leben

ich werde niemals wissen, wie es ist <u>glücklich</u> zu
sein
denn das kann ich mir einfach
nicht erlauben

Ich gebe mein Bestes und bin am Ende doch nie
gut genug,
ich schreibe Nachrichten und bekomme
keine Antwort,
ich lächle und blicke in ein ernstes Gesicht,
ich tröste und weine ganz allein.

- *Einsamkeit*

Du wirst immer Gründe finden,
warum wir keine Chance haben.
Mal ist es die Entfernung zwischen uns,
dann der Stress in deinem Job,
oder ein anderer Termin.

Aber in Wirklichkeit
bin immer <u>ich</u> es.

Ich war das Feuer,

als du das Meer wolltest.

Ich war der Regen,

als du dich nach Sonne gesehnt hast.

Ich war immer ich,

aber nie, was du wolltest.

du hast gesagt:

wir werden das schaffen. es wird alles gut. du brauchst dir keine sorgen zu machen. ich bin für dich da. ich liebe dich. du bist perfekt für mich. du bist süß. du bist wunderschön. ich habe keine zeit. ich wünschte, ich könnte, aber es geht nicht. das kann ich nicht. du bist toll. ich vermisse dich. wir machen das irgendwann später, okay? ich habe es wirklich versucht. nein, ich sage die wahrheit. das war ein missverständnis. so habe ich das nicht gemeint! natürlich möchte ich dich wiedersehen. ja, du bist die einzige.

- L Ü G E N

Wo ist meine Heimat,
wo ist der Platz, an dem ich hingehöre?

Ich ziehe um und fühle mich nicht wohl,
ich treffe neue Menschen und fühle mich nicht wohl.
Ist das Problem die Umgebung, in der ich lebe?
Oder die Umgebung, in der ich mich bewege?

Oder vielleicht passe ich auch einfach nirgendwo hin.

Und vielleicht waren wir beide von Anfang an nur in unseren Gedanken füreinander bestimmt.

Könnte ich mir aussuchen, in wen ich mich verliebe, würde ich immer noch dich wählen.

- der Schmerz ändert nichts an meinen wahren Gefühlen

Ich erkenne dich nicht mehr wieder.

- *Spiegelbild*

Dunkelheit auf der Straße.
Grelle Lichter – rot, gelb, grün.
Jeden Tag aufs Neue,
keine Veränderung.
Landstraße, Kreisverkehr, Autobahn –
Autobahn, Kreisverkehr, Landstraße.
Bekannter Raum, gleicher Alptraum.

- manchmal ist die Routine zu viel

Ich hab es dir nie gezeigt,
es dir nie gesagt,
und du hast mich auch nie danach gefragt,
aber:
      es tut mir leid

Und du sagst
Vielleicht sollten wir es langsamer angeh'n
denn deine Gefühle scheinen zu verschwinden.

Du versuchst zwar, wieder Liebe für mich zu finden,
mich so sehr zu lieben, wie ich dich liebe,
aber meistens ist das bloße Wollen einer Sache nicht genug
und weiter damit zumachen wäre alles andere als klug.

Und ich will dich wirklich nicht anfleh'n,
also bitte g e h .

feigheit ist eine krankheit
denn ich bin zu feige um zuzugeben, dass ich hilfe
brauche
zu feige um leuten zu sagen, was sie mir eigentlich
bedeuten
zu feige um über meine gefühle zu sprechen
und zu feige um mich selber verteidigen zu können

doch ich lebe mein leben in feigheit weiter
und dadurch auch gleichzeitig in einsamkeit
lasse dinge zu, die ich nicht will
und schließe meinen mund bevor die wörter
entkommen können

- ich wünschte, ich wäre stark

TEIL 2
EBBE

Nein, du verdienst diesen Schmerz nicht,
du verdienst was Besseres.
Doch der Schmerz macht dich stark,
zeigt dir, wer du wirklich bist.
Du kannst daran wachsen.
Und nächstes Mal,
da tut es etwas weniger weh.

ich will nicht, dass du denkst, ich würde immer noch an dich denken
ich denke zwar an dich, aber gar nicht mehr so oft
und wenn ich an dich denke, dann nicht, weil ich dich vermisse
sondern nur, weil mich irgendetwas plötzlich an dich erinnert hat
und das ist meistens weder positiv noch negativ
ich denke an dich und fühle mich dabei wie die Schweiz –
neutral.

Du kannst mir so viel versprechen,
und am Ende doch alle deine Versprechen brechen.
Deine Worte bedeuten mir nichts mehr,
und das zu sagen fällt mir auch nicht schwer.
Ich kann nicht mehr darauf warten, dass du deine Lügen
in Taten umsetzt,
und ich glaube, du hast mich wirklich unterschätzt.
Ich weiß jetzt, wie du wirklich bist.

ich sehe mich nicht mehr mit dir an meiner seite
denke nicht mehr an dich, bevor ich einschlafe
und auch morgens nach dem aufwachen bist du nicht mehr mein erster gedanke
du bist nichts weiter als eine alte, verblasste erinnerung weit hinten in meinem kopf
wie ein vergilbtes polaroid foto
eingeschlossen in einer alten kiste
im keller, zwischen leeren umzugskartons und weißer wandfarbe
du bist noch da, ja, aber da, wo du keinen schaden mehr anrichten kannst

Ich möchte nicht überleben.
Denn überleben bedeutet doch, dass man sich in einem Zustand befindet, den man schnellstmöglich wieder entkommen möchte.
Überleben bedeutet, nicht das tun zu können, was man will und ständiger Gefahr ausgesetzt zu sein.
Nein, ich möchte nicht einfach nur überleben.

Ich möchte *leben*.

Lauf mit mir davon.
Ich weiß zwar nicht, wie ich das planen soll,
aber ich will, dass du bei mir bist.
Denn unser Alltag ist zu trist,
wir haben Sorgen, die uns auffressen.
Und wie man wirklich lebt und frei ist –
das haben wir beide schon längst vergessen.

- lass uns gehen

Es gab so viele rote Flaggen,
aber ich war f a r b e n b l i n d .

Irgendwann nehme ich all die Liebe, die ich dir gegeben habe
und gebe sie jemand Neuem:
                       mir selbst

Du hast mir wirklich viel bedeutet, ganz ehrlich.

Aber nun weiß ich, dass das nicht auf Gegenseitigkeit beruht.

Ich weiß nun aber auch, dass ich etwas Besseres verdiene.

Ich weiß,
du sammelst Muscheln, wenn du am Strand bist,
weil du sie schön findest
und das Gefühl von ihnen in deinen Händen magst.

Aber ich weiß nicht,
wieso du sie wieder weg wirfst,
sobald du den Strand verlässt.

- auch ich bin eine Muschel

Es ist nicht das Wasser,
indem ich ertrinke.
Es sind meine eigenen Gedanken,
die meinen Kopf fluten und überschwemmen,
mich immer tiefer und tiefer hinunterziehen,
mein Gesicht nass machen, bis meine Augen brennen
und mir die Luft zum Atmen rauben.

du gabst mir zucker,
und davon nie zu viel,
nur so viel, dass es gereicht hat, mich bei dir zu halten
bis der zucker irgendwann leer war
weil jemand kam, der mir mehr als nur zucker gab

und als ich deinen zucker nicht mehr wollte,
da sagtest du, ich würde niemals vom zucker
loskommen
zucker ist etwas, auf das ich nicht verzichten könne

und vielleicht kann ich wirklich nicht auf zucker
verzichten
aber ich kann verzichten
auf
      d i c h

- ich war nie wirklich deine "Zuckerpuppe"

Niemand sagt dir

Ich habe gerade keine Zeit

oder

Ich bin momentan einfach zu beschäftigt

und meint es aufrichtig.

Diese Sätze sind immer eine Lüge, denn niemand von uns besitzt die Zeit.
Wir müssen sie uns einfach nehmen.

- die Lüge über die Zeit

jede nacht sitze ich in meinem bett,
gedanken kreisen
um dich, um ein mögliches *uns*

falls es so etwas wie ein *uns* jemals geben wird
oder ob das alles nur in meinem kopf existiert

ob wir zusammen immer noch einsam sind
oder ob sich das zwischen uns wieder verrinnt

wie immer und immer wieder

hoffnung stirbt zuletzt,
aber irgendwann stirbt sie

so wie wir auch
und alles, was wir jemals gewesen
oder auch nicht gewesen sind

Du und ich;
nicht hier und nicht jetzt.

Aber vielleicht an einem anderen Ort
zu einer anderen Zeit.

Es gibt über 7 Milliarden Menschen auf dieser Welt.
7 Milliarden Menschen, von denen du über 99% nicht kennst.
So viele Chancen, jemanden kennenzulernen, der dich glücklich macht, dich liebt, mit dem du schöne Erinnerungen sammeln kannst.
So viele Chancen, sich neu zu verlieben und sich selbst neu zu entdecken.

Wenn unter diesen Milliarden von Menschen nur einer ist, der dich unglücklich macht – verschwende nicht deine Zeit mit dieser Person. Denn da draußen warten so viele neue Abenteuer auf dich.

- verabschiede dich von deinen Toxinen

Ich starre auf die leere Seite meines Bettes:
Da, wo du sonst lagst, jetzt Kekskrümel und iPad.
Mein Herz schmerzt für einen Moment, doch eigentlich
ist es auch ganz nice
ohne dich.
Endlich Platz im Bett, kein Geschnarche, kein
Bettdecken-Geklaue,
nur ich, ganz allein.
Vielleicht hat das Single-Dasein ja doch viele
gute Seiten.
Zumindest mein Bett habe ich wieder für mich!

- *160cm x 200cm*

Ich möchte Menschen aus meinem Leben löschen,
wie ich Wörter am Computer lösche:
die *Entfernen-Taste* drücken und sie sind weg.

Ich hätte nie gedacht, dich jemals zu hassen.
Aber ich weiß auch, dass Hass ein einfaches Gefühl ist, für Menschen bestimmt, die Angst vor Liebe und Vergebung haben.
Angst, die ich auch in mir trage.
Und bis ich es gelernt hab – solange hasse ich dich weiter.
Aber nur ein kleines bisschen.

tag für tag wachse ich an mir,
sehe in den spiegel und liebe mich ein bisschen mehr,
weine etwas weniger,
esse gesünder
und spüre den mut in mir wachsen.

nichts ist perfekt,
und nichts wird jemals perfekt sein
aber was zählt ist der versuch.

Zu stolz,
um zuzugeben, dass ich Hilfe brauche.
Zu stolz,
um über meine wahren Gefühle zu sprechen.
Zu stolz,
um Fehler zuzugeben.

- manchmal musst du deinen Stolz vergessen

Wie viele Menschen muss ich umarmen,
bis ich deine Berührungen nicht mehr spüren kann?
Wie viele Menschen muss ich küssen,
bis ich deine Lippen vergesse?
Wie oft muss ich durch deine Stadt fahren,
bis ich dabei nicht mehr deine Wohnung sehe?
Wie oft muss ich deinen Namen hören,
bis ich nicht mehr weiß, wie dein Gesicht aussieht?

Denn ich schließe die Augen und sehe und spüre dich noch immer überall.

TEIL 3
LAND IN SICHT

In der Natur gibt es nichts, was das ganze Jahr über
blüht;
Schneeglöckchen blühen im Februar,
Krokusse im März,
zarte, rosarote Kirschblüten zeigen sich im April,
der Goldregen kommt im Mai
und im Juni die Rosen.

Dann kommt der Herbst, und die meisten Blumen
verschwinden,
die Blätter der Bäume verfärben sich orange-braun,
es ist die Zeit der Anemonen und Alpenveilchen,
doch sobald diese Blumen ihr Ende erreicht haben,
fängt es erst im neuen Jahr wieder von vorne an.

Nichts auf dieser Erde ist ein ganzes Jahr über
beständig,
wir alle brauchen Pausen und Erholung: egal ob Mensch
oder Blüte.

- über die Natur und dich

Eine andere Person darf niemals zum Zentrum deiner Glücklichkeit werden.

Sie darf höchstens ein Teil davon sein.

Es ist nicht zu spät, du bist nicht zu alt.

Deine Träume warten noch auf dich.

In uns allen lodert ein Feuer.
Manchmal schwach und kaum wahrnehmbar, sanfte Flammen, die kurz davor sind, auszugehen.
Manchmal so hell und stark, dass man sich schon von Weitem verbrennt.

Doch egal, wie groß oder klein die Flammen sind,
wichtig ist nur, dass du sie niemals löscht und niemals löschen lässt.

Brenn für dich – und für alles, was dir wichtig ist.

- *das Feuer in uns*

Du kannst nicht zurückgehen,
es geht immer nur vorwärts.
Dein Leben stagniert auch nicht.
Und das bedeutet zwar, dass du
schöne, bereits vergangene Momente nicht
wiederherstellen kannst, aber auch,
dass alles Schlechte, das dir bis zu diesem Zeitpunkt je
passiert ist,
schon hinter dir liegt und
du es nicht noch einmal durchmachen musst.

- sieh das Positive

Die Stimme, die dir sagt, du seist wertlos und hässlich, faul und fett, ist nur
eine Stimme.
Nicht-existent und imaginär, nur in deinem Kopf.
Egal, wie laut sie auch schreit, du kannst sie verstummen lassen:

Sei still

oder

Stopp

wiederholen, bis sie geht. Sie ist nicht real und wird es auch niemals sein.

Nicht echt, nur in deinem Kopf.

Ein kurzer Rock ist zu aufreißend
und ein langer zu prüde,
kurze Haare sind zu männlich,
und lange zu langweilig,
Make-Up ist unnatürlich
und Natürlichkeit ist hässlich,
dick zu sein ist unattraktiv
und dünn zu sein krankhaft.

- die Gesellschaft wird dich niemals akzeptieren können, also liebe dich selbst

Selbstliebe und Selbstrespekt
sind nicht egoistisch.
Du brauchst, was du brauchst.
Wenn du es dir nicht selbst nimmst,
wirst du es nie bekommen.

Sei du selbst.

Entschuldige dich nicht für die Person, die du bist.

Entschuldige dich nicht für deinen Körper oder dein Aussehen generell.

Entschuldige dich nicht für deine Entscheidungen.

Entschuldige dich nicht für deine Gefühle.

- wiederhole diese Sätze, wenn du an dir zweifelst

Platonische Liebe ist wahre Liebe.
Es ist die Art und Weise, auf die wir unsere Freunde lieben,
eine Familie, die wir uns selbst ausgesucht haben.
Unsere Seelenverwandten.
Eine Liebe für die man keine romantischen Gefühle braucht,
und die trotzdem manchmal sogar stärker ist.

- denn zum Schluss bin ich immer wieder am meisten dankbar für meine Freunde

Ich hab Hoffnung.

Ich hab Hoffnung, dass die Zeit wirklich alle Wunden heilt und dass Liebe sich verdoppelt, wenn man sie teilt.

Ich hab Hoffnung, dass ich erreiche, was ich mir vorgenommen habe und dass ich niemand jemals wieder jemanden hinterher jage.

Ich hab Hoffnung, dass, egal was passiert, ich mich niemals selbst verliere und dass ich mich niemals für jemand anderen verbiege.

<u>Dinge, die ich noch lernen muss:</u>

- mich selbst lieben und mich nicht für andere Menschen verbiegen

- meine Träume im Blick behalten und immer zu meinen Freunden halten

- meine persönlichen Standards nicht heruntersetzen und mich allen Rückschlägen widersetzen

- meine Fehler akzeptieren und mich nicht mehr selbst verlieren

dieser samstag fängt damit an, dass
ich dir kaffee ans bett bringe
du aufstehst und mich lange küsst
und mir sagst, wie hübsch ich bin
ich weine, weil ich mich schlecht und furchtbar fühle
und meine, dass du mich doch sowieso nicht wirklich magst
sondern ich nur eine art zeitvertreib bin
bis die nächste, bessere person kommt

aber das ist nur das was *ich* denke, sagst du
nicht das, was wahr ist
meine gedanken zeigen nicht immer die realität
ich habe keinen grund, traurig zu sein
und du zählst schöne dinge in meinem leben auf
und vergisst dabei dich selbst

fragst mich, ob ich eigentlich real bin,
so wunderschön und weich,
lachend verneine ich
und weiß,
ja, du magst mich vielleicht *wirklich*

Liebesbrief an mich selbst:

Ich bin wundervoll. Ich habe so viele schwere Sachen in meinem Leben schon gemeistert, manchmal sogar ganz allein, und deswegen darf ich auch stolz auf mich sein. Ich verfolge meine Ziele und wenn ich hinfalle, stehe ich wieder auf. Manchmal dauert das zwar ein bisschen, aber am Ende schaffe ich es doch immer wieder. Ich bin einzigartig, mich gibt es nur einmal auf dieser Welt und das bedeutet auch, dass ich mich nicht mit anderen vergleichen muss. Ich bin okay, auf meine eigene Art und Weise. Ich freue mich für andere Menschen, wenn sie ihre Ziele erreichen und glücklich sind und kann mich ganz ohne Neid davon inspirieren lassen und an mir selbst arbeiten. Vielleicht habe ich mein Ziel noch nicht erreicht, aber ich bin schon jetzt ganz gut so wie ich eben bin.

Ein schlechtes Leben ist nie mehr als
ein schlechter Tag
ist nie mehr als
eine schlechte Stunde
ein schlechter Moment
ein schlechter Augenblick

- kein schlechtes Leben

Mein Körper ist noch immer ein
work in progress
und wird vielleicht niemals wirklich fertiggestellt sein
aber das alles spielt keine Rolle
denn mein Körper tut immer noch alles für mich
ist vielleicht nicht immer unbedingt ästhetisch
aber er funktioniert –
                und manchmal ist das alles, was zählt.

du bist okay, so wie du bist
und sich manchmal nicht okay zu fühlen
ist auch okay.

Du bist schön auf deine eigene Art und Weise.
Wie du lachst, dich bewegst, über Themen sprichst, die dir wichtig sind und die deine Augen zum Funkeln bringen – Du musst dich nicht mit einem anderen Menschen vergleichen.

Andere Menschen sind schön, aber du bist es auch.

Ich liebe dich, weil du mir ehrlich deine Meinung sagst, ohne mir weh zu tun.

Ich liebe dich, weil du dir auch zum zwanzigsten Mal dieselbe Geschichte nur mit anderen Charakteren von mir anhörst.

Ich liebe dich, weil du mich nicht für meine Taten verurteilst, auch wenn ich im Unrecht bin.

Ich liebe dich, weil es mir nach einem Gespräch mit dir immer wieder besser geht.

- beste Freundin

Egal, wer mich verlässt
oder verletzt.
Am Ende des Tages habe ich zumindest
immer noch **mich**.

- du bist viel wertvoller als du denkst

Mein Name ist nicht

Süße
Maus
Schatz
Baby
Honey
Schlampe
oder *Hure*

mein Name ist _____ !

Ich weiß, wer ich bin.
Ich weiß, was ich will.
Ich weiß, was mir zusteht.

- ich bin keine Muschel